AORTA

RANI GHAZZAOUI

AORTA

LYRA DAS ARTES

2022

@2022 Rani Ghazzaoui @2022 Lyra das Artes
Todos os direitos reservados.
É proibida a reprodução total ou parcial sem a expressa anuência da editora.

Texto: Rani Ghazzaoui
Ilustrações: Drika Prates
Projeto gráfico: Daniel Banin
Produção editorial: Lyra das Artes

Dados Internacionais de Catalogação na Publicação (CIP)
(Câmara Brasileira do Livro, SP, Brasil)

Ghazzaoui, Rani
    Aorta / Rani Ghazzaoui. — São Paulo, SP : Lyra das Artes, 2022.

    ISBN 978-65-990986-7-3
    1. Poesia brasileira I. Título.

22-100278   CDD-B869.1

Índices para catálogo sistemático:
1. Poesia: Literatura brasileira B869.1
Eliete Marques da Silva - Bibliotecária - CRB-8/9380

[1º edição 2022]
Todos os direitos desta edição reservados à
LYRA DAS ARTES NEGÓCIOS CRIATIVOS
www.lyradasartes.com.br
contato@lyradasartes.com.br

SUMÁRIO

15 PREFÁCIO: SANGUE VIVO
17 Aorta (2021)

18 ATO 1: SANGUE MEU

20 Crônica de Abertura: Quem Sabe? (2009)
24 Psicografia (2020)
25 Trovoada (2021)
26 Envergadura (2019)
27 Furo Na Bolha (2012)
28 Do Contra (2012)
29 O Pêndulo (2021)
30 Deixa (2015)
31 Caneta Cansada (2020)
32 Só Sei Saber De Mim (2020)
33 Desfile (2007)
34 Mal Me Querem (2014)
35 Aluada (2007)
36 Consciência Suja (2009)
37 Do Lado De Cá (2008)
38 Me Assusta (2008)
39 Hematoma (2009)
41 Meu Enredo (2009)
42 Despedaçando O Amor (2010)
43 Estufada, Porém Vazia (2008)
44 A Paz (2020)
45 A Maldita Ansiedade (2013)
46 Identidade (2018)
47 O Interrogatório (E A Mordida) (2009)
48 Cadeira (2021)
49 Cantiga Para Sorrir (2008)
50 "Bonita" (2020)

51 Regressão (2020)
52 Irreparável (2020)
53 Sacolão (2020)
54 Amnésia (2020)
55 Enquanto As Crianças Jogam Basquete (2021)
56 O Buraco (2021)
57 Coletivo (2007)
58 Já (2020)
59 Alternativa (2021)
60 O Que Não Se Diz (2021)
61 Vestuário Em Couro (2021)
62 Partida (2008)
63 Nenhum Pranto (2008)
65 Escrevo Porque Sei (2016)

66 ATO 2: SANGUE SEU

68 Crônica de Abertura: Arrume Espaço (2017)
72 Pouco (2008)
73 Onde Existo (2007)
74 O Que Vê O Mundo (2008)
75 Garganta (2020)
76 Ferida (2020)
77 Amor Não, Patologia (2009)
78 Longa Metragem (2019)
79 Nem Existe (2011)
80 Dia Sim, Dia Não (2019)
81 Relato (2014)
82 Pra Falar De Você (2007)
83 Eu Escutei Atrás Da (Sua) Porta (2008)
84 Decodifica (2008)
85 Trago (2007)

86 Ferramentas Insuficientes (2013)
87 Na Boca, Nos Pelos, No Sangue (2007)
88 Feito Pão (2007)
89 Olhas Pra Onde? (2008)
90 Espectro (2013)
91 Nem Uma Nota (2008)
92 Vencido (2011)
93 Carne Viva (2020)
94 O Asco (2020)
95 Com Certeza Sabe (2020)
96 O Crush Da Escola (2020)
97 O Depois (2015)
98 Self Service (2020)
99 Terremoto (2021)
100 Desgraça No Peito (2021)
101 Faz De Conta (2019)
102 Cai O Mundo (2008)
103 (À) Força (2007)
105 Au Revoir (2007)
106 Depois De Pedir Tanto (2007)
107 Quando Bate A Porta (2020)
108 Oito Pires, E Mais Nada (2021)
109 Calada Da Noite (2020)
110 Me Faltava Tudo (2007)
111 Soluço (2010)
112 Máscara (2015)
113 Não É Amor (2011)

114 ATO 3: SANGUE NOSSO

116 Crônica de Abertura: Um Par De Vasos (2021)
122 Ciranda (2008)

124 Não Sei (2010)
125 Ainda Sangra (2011)
126 Mais Cinco Minutinhos (2008)
127 Desafino (2008)
128 Bate De Novo (2011)
129 Gosto De Alegria (2008)
130 Manhã (2013)
131 Pra Onde Eu Quiser (2008)
132 Completos e Complexos (2013)
133 O Ano Da Lã (2019)
134 O Tempo Pode Esperar (2013)
135 Amor E Literatura (2021)
136 Tétano (2008)
137 Indecisos (2010)
138 Ainda Voa (2008)
139 Fim (2008)
140 À Segunda Vista (2008)
141 Bússola (2007)
142 Verão (2014)
143 Distante (2012)
144 Faz Tempo Que Foi Ontem (2017)
145 Acordada (2014)
146 Não Era Sorte (2007)
147 Amor Voltaico (2020)
148 Caminho Batido (2019)
149 Em Círculos (2020)
150 Ouviu? (2008)
151 A Caminho (2019)
152 Conclusão (2010)
153 Passado (2011)
154 Atrito (2012)
155 Imitando O Amor (2007)

156 À Minha Volta (2009)
157 Em Farrapos (2021)
158 O Fim Do Nosso Carnaval (2009)
159 Vida Voa (2007)
160 Sejamos Felizes (2007)
161 Você Me Deixou Assim (2021)
162 Desastrosa Queda (2021)

163 POSFÁCIO: SANGUE PISADO
165 Absorta, Semimorta (2021)

Para Gavin, meu amor.
E para todos que já morreram, e ainda vivem, de amor.

PREFÁCIO

Sangue Vivo

Aorta é uma artéria torta. A "grande artéria elástica". Carrega sangue vital oxigenado do coração pro resto do corpo. É formada por três camadas:

1 - Túnica Íntima, a camada interna, que fica em contato direto com o fluxo sanguíneo. Neste livro que conta minhas alegrias, idiossincrasias, dores e vícios, "Sangue Meu".

2 - Túnica Adventícia, a camada mais externa da artéria. Nesta obra que busca memórias, recorda traumas, relata desejos e inventa histórias de intimidade com o alheio, "Sangue Seu".

3 - Túnica Média, a camada do meio, é formada por um tecido elástico que cria um revestimento concêntrico. Neste artefato de amor grafado, "Sangue Nosso".

Este livro, que é uma antologia de poemas escritos num espaço de quatorze anos, entre 2007 e 2021 — o mesmo período de tempo que moro fora do Brasil — fala do que de mais íntimo se pode observar em si e no outro. Ele conta histórias reais e fictícias; flerta com a dor e brinca com o prazer. Sobretudo, este é um compilado de palavras que contam sobre o amor e suas pulsões de morte. Naturalmente, então, é um livro que celebra a vida.

Eu o dedico a todos aqueles que, como sangue vivo, um dia viveram e morreram em mim, correndo soltos como oxigênio por minhas veias.

Aorta

entendo pouco de anatomia
sei da distância dos meus dedos
da densidade dos meus pelos
de quando em quando vêm os meus respiros
em todos os meus apelos
observo meus músculos
hora robustos, hora murchos
o músculo rubro
que bombeia até todas as minhas veias
cada uma das minhas linhas
absolutamente todas
as minhas histórias
não entendo de biologia
mas sei o gosto das minhas lágrimas
a espessura da minha saliva
(ainda mais quando misturada noutra)
sei da minha matéria
sei conversar o amor
por culpa dessa artéria
que me inunda
que me transborda
não me interessam as outras partes
(preciso delas, mas não me são essenciais)
o que me importa é uma saudável aorta
robusta, potente, pulsante
esse túnel que leva a tudo
essa latejante porta
que me deixa sobreviver
que me previne de escrever
morta

ATO 1
SANGUE MEU

Poemas sobre egocêntricos relatos de alegrias, idiossincrasias, dores e vícios.

CRÔNICA DE ABERTURA

Quem Sabe?

Um dia recebi um e-mail de uma menina que achava que eu sabia a verdade sobre o amor. Repetidamente, ela me perguntou o que fazer, o que sentir, como remediar a culpa e a dor de cometer sempre o mesmo erro e sempre terminar o dia chorando. Um e-mail triste de doer escrito por uma menina de dezesseis anos, cheia de sonhos quebrados.

"Como pode?", eu pensei. Como pode uma menina com tão pouca vida já ter sofrido tanto e, pior, como pode ela acreditar que eu — a mais confusa das cabeças e o mais desastrado dos corações — seja capaz de ter todas as respostas?

Só que aí me liguei. Me lembrei que aos dezesseis a gente ama com a alma, a gente entrega o coração, o fígado, o pulmão, o baço. A gente sofre com a devoção de quem ainda não sofreu o suficiente para entender que os remendos de dores antigas podem estourar a qualquer descuido.

Aquela pobre menina via em mim a esperança de quem escrevia bonito e triste; me via envolta num ar de conhecimento de causa de quem enganava muito bem escrevendo finais que, às vezes, pareciam felizes. Dei risada e balancei a cabeça de pensar que ela ainda não se deu conta que eu também sou muito nova para ter qualquer noção do que seria o meu "final feliz". Outra coisa que ela não sabe (porque meu texto disfarça bem) é que o final das coisas é uma mera bobagem, já que ele não existe. Assim como não há passado, não há futuro. Só o agora existe, é só ele que importa.

Resolvi que não seria eu a pessoa a arrombar o, então, primeiro remendo do coração daquela menina que nunca tinha me visto na vida. Aquele jovem coração partido que, de mim, só pedia o que eu mostrava ao mundo.

Para evitar esgarçar, achei melhor costurar.

Respondi: "Todos os amores são conchas vazias, todos os corações um dia são partidos. Mas quando a gente encontra alguém para deitar do nosso lado e contar estrelas, é como se uma pérola só nossa brotasse dentro da concha e fizesse ser possível esquecer do escuro, e da solidão. Eu sei que você tem medo, e eu também tenho, mas a vida existe para ser vivida. Se um dia roubarem a sua pérola tenha apenas uma certeza, você não vai morrer. E quando menos esperar, outra pérola vai achar um jeito de nascer. O nosso amor é burro, mas é bom. Quem escolhe se esconder dele por segurança não se machuca, é fato, mas também nunca conta estrelas de madrugada e nem, no final da vida, guarda um colar de lembranças para recordar."

Não era verdade, mas também não era mentira. A vida é mesmo cheia dessas dicotomias.

Nunca tive resposta, mas decidi que ela me entendeu.

POEMAS

Psicografia

sentei aqui
pra descobrir
se sou minúscula
OU MAIÚSCULA
se preciso de forma
especificada
de antemão
se tenho rima
ou não.
parei aqui
nessa página
todinha em branco
pra refletir
— e descobri —
que escrevo
como sempre escrevi
com muitas
pausas
pautas
pontos.
às vezes,
algum fru-fru.
noutras,
todo o meu corpo exposto
cru.
eu escrevo do jeito que eu sei.

Trovoada

as ideias
da minha
cabeça
pairam
sobre mim
como
nuvens cheias
num dia
de chuva

Envergadura

Sou dura e penso escuro,
o copo vazio,
a chuva perdura,
é tudo difícil,
vestida em armadura.

Mas levo em mim
a vontade de quem
cria contos malucos,
acredita na sorte,
mal tem medo da morte.

A vida não vai destruir a galáxia de sonhos que tenho dentro de mim.

Furo Na Bolha

Sabemos, no fundo todos sabemos.
Perseguir pelas ruas as bolhas de sabão
Nunca me levou a um destino acertado
(Mas me levou dali pracolá).
As bolhas estouram com o vento,
É verdade.
Mas eu sempre preferi cutucar minhas bolhas de perto,
Acalcando a superfície
E esperando a explosão na minha frente.

Das minhas bolhas sei eu.

Do Contra

Se eu pedir silêncio,
Faça barulho.
As minhas vontades estão confusas
Mas as minhas palavras são só minhas.
Quero esquecer de você por um dia
Pra depois lembrar pela eternidade.
Não vou olhar pros lados,
Nem vou te procurar.
Minha vida anda no trilho dos meus erros
O meu caminho não é certo.
Se eu pedir pra você voltar, fique.
Me desobedeça
Me enlouqueça
Me deixe desacreditar assim, um pouco.
Entenda:
A sua certeza alimenta minha dúvida.

O Pêndulo

se eu vier balançando
me fazendo de pluma
ou de pêndulo
por cima da crosta
deslizando
um tiro no escuro
gemendo
te peço que não me segure
que não abafe em mim
qualquer sentimento
não cerre meus punhos
nem imobilize meus membros
preciso de espaço
para ouvir a vida dizendo
deitar num abraço
(ainda que eu gostasse)
não funciona para quem vive
tremendo

Deixa

Me deixa ir manca,
Me deixa ir sóbria.
Me deixa ir louca, bandida,
Me deixa ir mentirosa.
Me deixa ir elástica, assim, esticada até o chão.
Me deixa ir de castigo, de marra, de punição.
Me deixa ir acordada, ou dormindo, tanto faz.
Me deixa ir de segunda a segunda, de quinta, de domingo, de jamais.
Me deixa ir com fome, faminta, espumando de tanta dor.
Me deixa ir em frente, me desprendendo de tudo, sofrendo com o meu amor.
Me deixa ir despencando, perambulando, achando graça.
Me deixa ir escondida, voando, fazendo fumaça.
Me deixa ir soberana, mancando, fazendo barulho.
Me deixa ir enlouquecida.
Me deixa ir logo cedo, ir no sossego,
Que a tarde é o perigo da vida.

Caneta Cansada

Você vive me perguntando de onde sai em mim tanta inspiração para escrever. Me pergunta sempre se já passei um dia sequer sem molhar um papel qualquer com a tinta da minha caneta incansável. Você me pergunta se ela se cansa. Acontece — e eu sempre tento dizer — que escrever, para mim, é reflexo; escrever, para mim, é refluxo. Como se na hora que a mão tocasse a caneta, e a caneta o papel, o mundo inteiro passasse por mim e descesse ali, em formato de letras. E é só isso que eu sou. Um veículo para vernáculos que não me pertencem. Uma enciclopédia de amores e de dores que eu vivi ou não. Na verdade é bem óbvio que eu, de fato, só escrevo porque me falta opção.

Só Sei Saber De Mim

não sou uma especialista
de coisa alguma
que não seja
relacionada aos meus próprios
sentimentos
não sei construir prédios
as plantas da minha casa sempre morrem
coleciono desamores ao redor do mundo
os amigos que sobraram cabem nos dedos
não sou uma sommelier
de qualquer gosto
que seja assim
tão refinado
me finco nas certezas do meu ofício
de conhecedora das travessas de mim mesma
sei de cor a cor de todos os abismos
que moram dentro do meu peito
não tenho ambições além dos muros
pra fora da minha mente desvairada
jamais quis saber de outros edifícios
menos ainda de qualquer outra fachada
há muitos que usam a vida
pra juntar conhecimento
e saber de um tudo o que há
além das fronteiras do sujeito
eu que não sou mestre em nada
sento na frente do espelho
e num plano de vida traçada
vou decifrando a minha esfinge
do meu jeito

Desfile

daqui pra lá.
daí, pra cá.
de lá, praquilo que eu soube mentir direitinho.

fantasiada de carência, a minha liberdade passeava folgada por toda parte.

Mal Me Querem

Eles me querem número, mas sou poesia.
Me querem cálculo, mas sou filosofia.
Não sou mais, nem menos,
Não me divido em muitas, nem me multiplico,
Mas em qualquer forma de poema, dissertação ou de fonética,
Me explico.
Me querem equação, sou preposição.
Me querem raiz quadrada, mas sou emoção letrada.
Meu cérebro nasceu sem saber a mínima elegância
No que era racionalizar.
Esse coração bombeia contos, prosas e palavras,
Não dá mesmo pra negar.

Aluada

vai que eu acredite nas estrelas
e não queira descer depois.
é perigoso, eu tenho coisas por aqui.
vai que a lua me conte um segredo
e me encante para sempre.
é arriscado, eu tenho vínculos aqui por baixo.
vai que o sol me hipnotize
e eu ande até ele cega.
é bem provável que eu me queime, e por lá fique
porque da dor eu bem gosto
e o amor é tão burro.
não, obrigada moço, eu vou descer.

Consciência Suja

A linha de discernimento
De certo e de errado
É nítida quando olhada de fora:
Não faça isso!
Não diga aquilo!
Tão fácil dar palpite e ser a moral
Do que lhe é alheio
Julgar as dores que não é o seu coração que sente
Quando dói na gente
E aquela sensação de sujeira que água nenhuma tira
É persistente
É bem mais duro
Estamos todos sujos
Todo mundo é gente
Que sofre, que sangra e que magoa
Que um dia morre
O meu conselho
É lavar as mãos de julgamentos
Deixar a mágoa derramar, ir embora, esquecer
Correr pro lugar mais longe possível
Chegar lá rápido
Andar com a vida
Sem sacramentos
Cada um sabe da terra entre seus dedos

Do Lado De Cá

O que te impede de me alcançar,
É a muralha dentro de mim.
Ela me nega o sol,
Me esconde o mar.
Daqui não se sente o vento,
Nenhuma quentura no ar.
Sinto emoções clandestinas,
Treinei meu cérebro para as regras burlar.
Aperto meus olhos com bastante afinco,
Ainda consigo sonhar.

Me Assusta

Descobrimos aos poucos
Há sensações impossíveis de se evitar
Insuportáveis por não permitirem fuga
De característica quase masoquista

Percebemos com o tempo
Há coisas que hão de ser suas
Contanto que sejam benquistas
Que sejam desejadas de forma quase hedonista

Se quero?
Quero muito
Com um desespero que me custa

Quero agora
Pra ontem
Pra sempre

Te quero, sim
Com muita força
Com tanta ânsia que me assusta

Hematoma

Meu coração não escolhe prioridade
Bate forte
Bate descompassado
Se preocupa
Dói
Aperta
Chora
Coloca meu amor à frente de tudo
Reorganiza minhas memórias
Há quem chame meu coração de burro
E eu acho isso tão injusto
Em mim
Eu juro
O amor sempre foi mais que escudo
Ele deu vida a tudo
Às vezes ele não acerta
Mas não é por mal que ele erra
Tanta coisa pode dar errado no mundo
Já me estrebuchei em cada murro
Em tanta faca enferrujada
As palmas das minhas mãos
Já carregaram muito suor com sangue
Porque eu vivi minha vida
Pulei meus muros
Me quebrei inteira indo atrás
Daquele maldito porto seguro
O meu coração
Como sempre
Leva a culpa
Mas a culpa não é dele

A aventura de ousar
Amar perigosamente
É minha
Esse sangue pisado
Esse mau amor bem amado
A mim pertence

Meu Enredo

Amor vai
Amor vem
Amor se lembra
Amor se esquece
Amor tem rosto
Amor não é ninguém
Amor se canta
Amor se pinta
Amor se borda
Amor se padece

Escrevo há anos
Sobre o amor

Sigo esperando
Que o amor comece

Despedaçando O Amor

Ia escrever um poema de amor pra gritar pro mundo alguma dor diferente de todas que já gritei. Um poema de amor pra sufocar as vozes dos descrentes e conseguir fazer com que até eles acreditassem. Um poema sem vírgulas, sem pausas, sem as mesmas brigas repetidas em cômodos da casa diferentes. Ia escrever um poema em que o amor fosse bonito, tão bonito, que todo mundo quisesse. Ia escrever um poema de amor, mas perdi a vontade.

Estufada, Porém Vazia

quero escrever
mas em mim há um branco

parece
que

finalmente

sua
calma
me
invadiu

estou cheia de tantas coisas
repleta de todos os sonhos

e por ironia do destino
vazia
por
completo
sem nenhuma mísera sequer

palavra

pra contar
história

A Paz

Virginia dizia que
Para que uma mulher pudesse escrever
Ela precisaria de dinheiro
E um cômodo em que ficasse em paz
Apesar de que
— E acho que ela concordaria comigo —
Uma mulher que ousa
Escrever o que pensa
Lapidar em palavras o que sente
Expor sem qualquer pudor
O grosso de tudo o que existe
Na espessura da sua cavidade torácica
Sabe bem que paz
E literatura
Quase nunca andam de mãos dadas

A Maldita Ansiedade

Angústia vai descendo devagar
Tão seca, pelas veias, e vasos, e ventanas
Vai descendo tão dura, escura
Bate na porta do teto do estômago,
E não para de querer descer.
Desce quente, quase muito,
Na medida exata da queimadura que machuca,
Mas não faz bolha.
Angústia estranha, vigente e muda.
Uma vida ansiosa é uma vida insegura.

Identidade

Às vezes a gente não encaixa na pele
No pelo
No punho
No pulso
Que é seu

E a respiração mal sobe, já desce
No descompasso estranho
De quem nem eu e nem Abreu

Às vezes a gente não cabe no delineado
Do corpo
Da capa
Da culpa
Que é sua

E se estrebucha nas quinas
Nas ruas desertas
Nas esquinas

A gente curva aonde era reta
E se inquieta
E segue sem vacina

O Interrogatório (E A Mordida)

Onde é que se enfia a mão pra tirar da cabeça o bicho que vive lá dentro, que engole suas ideias, que atormenta sua paz, que mistura suas palavras e confunde seus pensamentos? E se existiu mesmo uma esfinge, como é que ninguém a decifrou e como é mesmo que foram devorados os que ainda estão vivos? Será por isso que andam por aí tantos corações despedaçados? Teriam sido eles apenas engolidos por suas próprias esfinges?

Cadeira

a madeira
maciça
da cadeira
segurou de mim
um tudo

estou cansada
de estar cansada

Cantiga Para Sorrir

Olhando para o espelho ela sabia:
"De tristeza não se morre, não se morre de tristeza",
Repetia.
Mas havia um alarme naquela risada que faltava.
De tristeza não sem morre, ela sabia.
Mas se envelhece.

"Bonita"

a gente normalizou
enfiar agulhas na cara
abarrotar plástico no torso
sugar com canudo
a carne e o osso

eles nos disseram que
ser esse tipo de mulher
"bonita"
era uma forma
de auto-amor

disseram que envelhecer
era nojento
inaceitável
e a gente
acreditou

Regressão

Se eu conseguisse voltar no tempo,
praquela época onde eu ainda não tinha entendido direito,
que o meu valor e o melhor de mim
não dependiam de olhos alheios.

Se eu pudesse apagar da minha memória todas as horas,
os dias, os meses, os anos
em que menti pra mim mesma,
achando bonita a tristeza
de ver minha vida pela ótica dos outros.

Ah, se eu ousasse viver inteiro,
saindo desse cativeiro,
que é gostar de si mesmo
com o gosto da boca que me devora.

Irreparável

Me toque em algum lugar que não meu corpo
Me beije até onde minha dor for
Me abrace tão apertado quanto o meu peito
Me faça cócegas com penas enquanto eu amaldiçoo
Me acaricie em lugares feitos de trauma
Me coma amarga ou pior

Sacolão

em mim
havia tanto amor
que cada pessoa
que passou por aqui
levou em sacolas cheias
o que resolveu consumir
abraçaram tudo o que podiam
e me deixaram sem nada
efetivamente vazia

Amnésia

Eu tinha em mim tantos sonhos.
Queria pra mim tantas coisas.
Me lembro dos meus cadernos de criança.
Desenhos, poemas, recortes em abundância.
Acontece que eu fui crescendo.
E parece que fui esquecendo.
Que dentro desse torso batia.
Um coração cheio de desejos.
Um estômago com fome de mundo.
Um espírito repleto de anseios.
Eu cresci e esqueci de tudo.

Enquanto As Crianças Jogam Basquete

Sentada num banco de praça
De madeira maciça (onde sento todos os dias)
Olho ao meu redor sem entender qualquer coisa
Esses sentimentos que eu sinto
Não são meus
Meus braços estão mais flácidos
Minhas mãos mais velhas
Sentada no tempo e no espaço
De frente com a vida que ainda não consegui desvendar
Me olho no reflexo de uma lixeira de alumínio cromado
Esse rosto não me pertence
Essa dor foi me dada ao acaso
Tudo aqui me é familiar
E em nada me reconheço
Largar tudo e começar do zero
Ou aceitar o todo sem me importar
Sem ao menos entender
O que eu realmente quero

O Buraco

o buraco vazio dentro de mim
não vazio, vazio
porque tenho órgãos
tenho estômago, baço, fígado
sonhos no rim que não te pertencem
mas em meio aos vasos sanguíneos
há o tal vazio
que me dizem as pessoas todo dia
que me lembram as gentes que nunca vi

trinta e cinco, seca o buraco
trinta e seis, o buraco mata tudo
trinta e sete, tudo murcha ali dentro
trinta e oito, ele fica mais profundo
trinta e nove, coitadinha de você
quarenta, você vai se arrepender

o buraco dentro de mim
é a sua incapacidade de não se meter

Coletivo

são eles ou sou eu?
que vê tudo distorcido, morto e sem cor,
quase ceticamente?
são eu ou sou eles?
que têm as vistas perturbadas com o claro
e que fogem amedrontados do movimento?
somos eles ou só eu?
que vejo o mundo desse jeito
sem começos protuberantes,
meios geniais
e finais felizes?

Já

Já me apaixonei perdidamente
Muitas e muitas vezes
Por todas as minhas amigas
Não do jeito que eles imaginam
Mas muito melhor

Já perdi horas contemplando todas as possibilidades
De uma vida feita de ternura
Do entorno e da quentura
De braços de mulheres
Remando pra frente o barco

Minha mão já tremeu pensando
Em tudo que nós todas
Juntas
Poderíamos fazer
Com o mundo

Dos amores que chegaram já pulsantes
O meu pela alma de quem
Assim como eu sabe
Assim como eu sangra
É mais forte

Em travessia me esquivando de falos
Sigo me encantando com elas
Por forma, gosto, por sorte
Onde jamais pensamos aportar
Já chegam tarde nossas mulheres

Alternativa

envelhecer é um presente
envelhecer é um presente
envelhecer é um presente
envelhecer é um presente
envelhecer é um presente
envelhecer é um presente
envelhecer é um presente
envelhecer é um presente
envelhecer é um presente
envelhecer é um presente

a alternativa à envelhecer
é morrer

O Que Não Se Diz

Crianças saltitam
Caem
Levantam
Gritam
Umas passam empurradas em carrinhos
Outras puxadas em coleiras de humaninhos
A morte nunca foi uma mentira
Mas sentada observando as crianças
Suas tranças
Seus dentes
Sua dança
Senti assim, uma grave tristeza
De perceber que minha vida
Está a caminho

Vestuário Em Couro

Ser leve me assusta
Se estou feliz, não escrevo
Me deito confortavelmente
No macio do cotidiano
E me esqueço
Esqueço que tenho vontades
de abismos
de chuva
de lodo
Desejo profundo por morte
Preciso de impulso cortado
Do meu coração palpitado
Para derrubar qualquer armadilha
de vida leve, fácil, sadia

Minha caneta é faca de corte

Partida

Todo mundo foi embora
Ou irá
Embora
Eu persista ereta
Uma estátua
— Quase forte —
Imune
Ao medo
Uma negacionista
Da morte

Nenhum Pranto

Meu monólogo tem o peso de uma pluma
Que o vento leva e traz à gosto.
Minha vida segue igual nessa espera.
O sol nasce pro dia começar, e ele acaba.
Os meus olhos se abrem pra enxergar o dia, que acabou.
Toda natureza está morta,
A paisagem resiste com alguma beleza,
Dá tempo de cantar uma canção curta.
Para que estou lutando?
Hoje o dia está frio e mais solitário do que de costume,
E chove.
Ainda vejo com miopia um resto de alegria
Deixada numa estante pequena.
Difícil de enxergar em meio à minha bagunça.
As preces cessaram,
Não sei mais rezar.
Precisa-se de fé na hora do extremo cansaço,
Mas quem vai se lembrar?
Com ironia propriamente dela,
A morte veio no meu dia mais atarefado:
Não pude olhar pra ela.
Não lembrei do que vivemos juntas,
Não lembrei de nada.
O meu coração não morreu naquela hora,
Estava há dias partido por aquele oceano.

Mais uma vez essa enxurrada salgada no meio de mim.

Ferida por tanto,
Me responda alguém, por favor,

Como não ter já secado o pranto
Agora que cheguei ao fim?

Escrevo Porque Sei

Fui escrevendo como quem desaba, como quem desagua, como quem desmaia, vomita, expele, explica. Fui escrevendo nossa história por cadernos, rodapés, cartolinas, cartões, capas de revista. Fui escrevendo rápido, sem compasso, sem métrica, sem rima, sem ritmo, sem jeito, até. Fui escrevendo desenfreada, maluca, gozando, subindo, descendo, correndo, gritando. Fui escrevendo com medo, com desejo, com vontade, com paúra, com receio, com amor, com emoção. Fui escrevendo por anos, e décadas, e séculos, e milênios, e muito mais. Fui escrevendo pra sempre, e sempre, e sempre, e sempre mais. Fui escrevendo tudo, cada detalhe, cada anseio, cada novidade, cada rabisco que fazia de você, você e da gente, a gente. Fui escrevendo uma história de amor que não sabia limites, não tinha rédeas, não se acostumava com o morno, não se continha com a média. Fui escrevendo desesperada, tremendo, balançando no meio da rua, com sangue na lapela e suor na testa. Fui escrevendo desconfortável, trêmula e morta, andando na calçada, correndo pro meio da rua. Fui escrevendo escorrendo pra debaixo da terra, escorregadia com as lesmas, ensopada de vida, póstuma. Fui escrevendo do além, fui escrevendo com anjos e diabos, com espíritos e fantasmas. Fui escrevendo porque é o que sei fazer. Escrever é só o que eu sei fazer.

ATO 2

SANGUE SEU

Poemas sobre memórias reais ou inventadas de desejo, trauma e intimidade com o alheio.

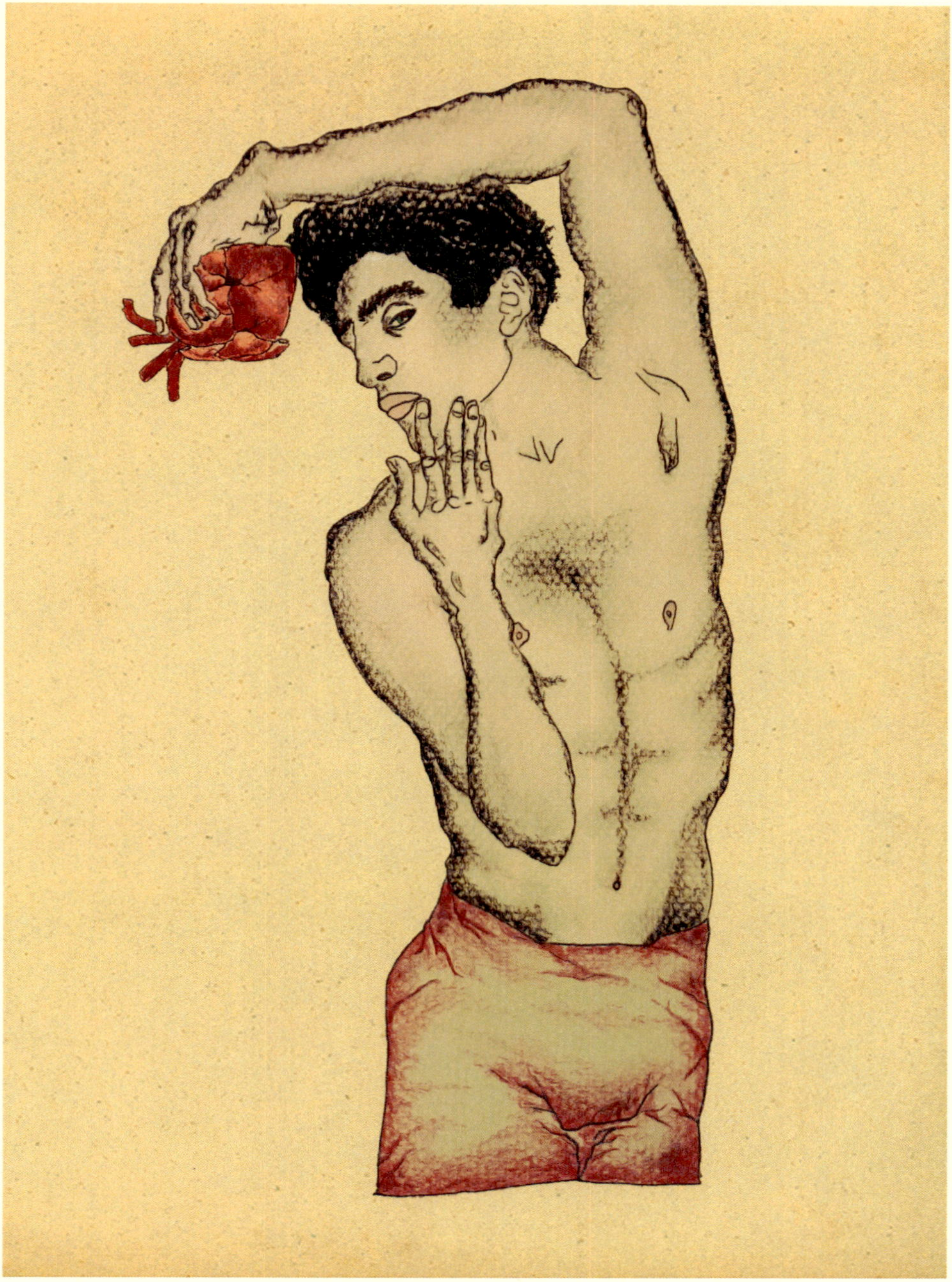

CRÔNICA DE ABERTURA

Arrume Espaço

Estou me afogando.

Eu te vejo do outro lado da sala, me esquivo, você nem me vê. Você começa a falar tão baixinho, tão calmamente. Seu gênio, imenso. Eu imerjo por um segundo, mergulho a ponta dos pés na lagoa. Estou tremendo. Rubores, ondas de calor subindo e descendo pelo meu corpo, como uma doença que se anuncia cedo o suficiente para um diagnóstico, mas tarde demais para uma cura.

Estou evaporando.

Você me trabalhou. Meus pés, minhas panturrilhas, minhas coxas, minha barriga, meu torso — meu músculo pulsante no peito — meus braços, meu corpo, meu nariz, meus olhos, meu cabelo e meu rosto. De repente, era tudo seu. Eu não era mais, pelo menos momentaneamente, proprietária de mim, e estava sendo meu eu absoluto, sentindo tudo; as respirações, os gemidos e os cabelos — tanto cabelo — éramos apenas nuances, éramos breves, éramos covardes e éramos corajosos, éramos jovens e belos, éramos tristes e solitários, éramos velhos e apaixonados, juvenis e com tesão. Nós estávamos lá.

Estou gozando.

Quando saí, seu rosto estava triste. Passei meu dedo por sua barba, sua boca e sua mão. Eu disse adeus ignorando o nó na garganta, o rombo no meu peito, as sirenes me avisando de problemas alarmantes, catástrofes, pandemônios. Eu não queria ouvir. Você estava lá. Eu estava lá. Até que fomos embora.

Estou tentando.

A cada dia fica mais fácil. A cada minuto fica mais difícil. Eu sei o tamanho do seu sorriso e o formato do seu queixo, consigo desenhá-los com facilidade na minha cabeça usando linhas perfeitas sem nada borrado. Eu estou bagunçada. A memória de você está presente, está viva, é um fantasma. Nem se qualifica como memória porque está acontecendo agora. A recordação de você está presente. Vivendo no gerúndio. "Organicamente", você diz. Planta crescida no jardim, semeada, molhada, sombreada. Uma semente ruim da melhor qualidade.

Estou lutando.

Comigo, principalmente, mas com você também. O tempo todo por mais tempo. A cada minuto pedindo mais um minuto. Você dispersa. Você dá. Você tira. O seu formato, eu não consigo esquecer. Não consigo superar. Não consigo me arrepender. O seu tom me vibra como uma tonelada. Eu só preciso de mais. Uma overdose desse barato. Eu não me canso da sua voz, da sua mente, do seu desejo infinito de provar que estou errada. Estou.

Estou me debatendo.

E perdendo. Estou me machucando, me estrebuchando em quinas, me espremendo pra caber em espaços que não estão ocupados há tanto tempo. Você está vago, mesmo comigo bem aqui. E estou doendo, mas você não é um analgésico: meu amor, você é a dor.

Estou me apaixonando.

E fim.

POEMAS

Pouco

Estamos andando
Sem rumo,
Sem hora,
Por tantos cantos,
Por agora.
É verdade,
A vida muda sem precisão,
De supetão.
Esbarramo-nos
Sem cerimônia,
Sem pretensão,
Por corredores,
Por pouco espaço.
É verdade,
Todo mundo precisa de amasso,
De rebelião.
Nem que seja com alguém,
Numa única madrugada,
Num único embaraço,
Unicamente conveniente,
Sem nenhum tipo
De laço.

Onde Existo

eu queria ser uma poesia exata
e sua.
não um soneto
porque tudo o que demora muito,
perde os brilhos do momento,
da vontade do agora.
nem um haicai
que se expira em três segundos,
que espirra uma beleza de verdade,
mas tão limitada.
queria ser poesia completa
de versos contados,
mas sem muitas métricas.
algumas rimas, sim,
mas meio jogadas
só pra ter graça.
queria ser o motivo das suas risadas,
dos seus questionamentos
e das suas, tão esperadas, lágrimas.
a poesia que eu grito a todo minuto
a poesia que eu escrevo, mesmo cansada, sem parar
a poesia que existe no que respiramos,
no que comemos, no que sentimos,
e você não vê.

O Que Vê O Mundo

Dalí do alto
Ela enxergou o mundo
Mas o mundo
Tão grande
Quase não a notava
Ali no topo
Que
Pra ela
Era tão alto
E pra ele
Nada
Ele era o mundo

Garganta

Escrevo poemas
Sobre você
Porque seu nome já habita a minha boca
Há muitos anos
Minha caneta é feita
Da tinta das suas vogais
Meu caderno todo está coberto
Das coisas que nos dissemos
Somos
(em mim)
Quase que uma orquestra
Não sei calar seus barulhos
Não aprendi a lembrar do que te falta
E se, na verdade,
Não te falta nada
É porque você já nem existe
E, assim,
Te falta tudo
Te falta a mim
Mesmo ainda
Que suas consoantes ecoem mortas
No céu da minha boca
Te escrevo em poemas
E prosa
E tudo mais que fala de amor

Ferida

Você mexeu numa parte de mim
Que vive escondida
Por ter medo do sol
Medo do escuro
Medo do ar
Medo de tudo
Você foi lá e cravou seu dedo bem fundo
E estourou a bolha
Que eu passei anos
Nutrindo, monitorando
Por ter medo de ficar exposta
Medo do vento
Medo de tudo
Que lembra você

Amor Não, Patologia

Toda manhã é a mesma coisa. Eu te expulso do meu peito que é pra você parar de ocupar meu oco, minha leveza. Pra eu conseguir respirar inteiro de novo.

Todo dia essa luta é travada comigo, sozinha, tentando me impedir de pensar em tudo o que você me diz. Tentando não esquecer — de novo — que o meu corpo é a minha casa. Que não preciso de inquilinos.

Toda noite eu acordo assustada, tateando o lençol, derrubando tudo pelo chão, procurando por uma certeza. O dia inteiro na luta, tentando. A noite toda tentando, exausta.

Me faz tanta falta a paz de não te conhecer.

O problema é que com você eu respiro pesado, mas sem você eu juro que quase morro.

Longa Metragem

E eu passei a vida toda pensando que no filme da minha vida o bandido seria você. Te vi em todos os frames, te escrevi em cada entrelinha — marcado, teatral, charlatão. Te dirigi. Te cortei. Te editei. Te matei. Te vivi. Passei a vida pensando no momento em que a claquete batia, e você deixava de existir.

Nem Existe

Quero te achar do outro lado da minha certeza,
jogar minha razão pela janela, sem dureza.

Quero seu céu misturado com meu mar, abstratos, molhados,
quentes e seguros, como um mergulho no Atlântico de verão.

Sua boca na minha, minha boca na nuca,
sua mão escondida, encontrada, escondida.

Quero você todo dia, toda hora, sem descanso.
Quero você agora, mas você ainda nem existe.

Dia Sim, Dia Não

Você aparece nos meus sonhos
Dia sim
Dia não.
Pula noites como quem faz travessia
Retorna intacto como que por telepatia.
A gente nunca foi nada
Nunca andou junto por canto nenhum.
Mesmo assim sonho teu cheiro de noite
Quase toda
Uma sim
Outra não.
Queria entender a vontade
A minha ternura
Essa perdura
Que te faz vivo e morto no meu colchão.

Relato

Quero, não vou mentir. Te quero no meu cheiro e te vejo nos meus sonhos. Você tem tantos rostos. Sinto sua pele na minha, tão proibida. E tenho medo. Quero, não vou mentir. Seu gosto na minha boca que fala de amor, e esquece da vontade. Quero, às vezes, o gozo que não precisa de fidelidade. Um entrelaço, um descuido, uma besteira. Quero tudo o que não posso, quero brincadeira. E esqueço que não te queria tanto quando tive. A imaginação é perigosa, detetive.

Pra Falar De Você

Eu faço tanta poesia, tento tantas coisas diferentes. Choro pra todos ouvirem, ganho atenção. Daí sorrio, conto, faço inveja. Invento madrugadas que não existiram e dias de sol que jamais aconteceram. Meus sorrisos eram seus, suas palavras, minhas. Éramos um, em dois, éramos muitos, num. Te recorto como lembrança pra colar no caderno de todos. Você tem mesmo que estar em todo lugar. Sua fuga não é minha, mas eu corro. Mais rápido, mais longe. Eu invento palavras e as junto, bonitas. Sua beleza se resume à elas e eu vivo em função disso. Pra falar de você bastava um nome, mas eu preciso da lua, do sol, de eventos espetaculares e daquele você que só em mim existe.

Eu Escutei Atrás Da (Sua) Porta

Se você me disser que é mentira, eu não vou te questionar.
Aqui dentro dessa cabeça existe um desejo profundo,
Regido por um raciocínio de quem já sofreu na vida.
Essas preces que você diz baixinho, e não me conta,
Meu coração escuta.
Ele entende os medos que você omite,
Reconhece seu semblante sereno que engana todo mundo,
Menos a mim.
Faz tempo que observo: seu pranto não tem lágrimas.
Sua tristeza não deixa resquícios e nem memórias,
É preciso astúcia para enxergar.
E enquanto a razão te atormenta,
Eu faço a minha parte no amor,
Derramando as lágrimas por você.

Decodifica

eu quero que você leia todas as palavras que eu nunca digo
as que só existem em mim por esse motivo
é por isso que eu digo tão pouco
(enquanto eu escrevo tanto)

eu quero que você descubra uma frase nova todo dia
e que guarde todas as provas, transcritas,
daquilo que eu nunca
(vim a dizer)

eu quero sua letra ao invés da minha
um chá ou café numa escrivaninha
estudar as métricas, me amarrar nas rimas
(quero ler você me escrever)

Trago

te trago pra perto de mim.
pego seus trejeitos,
entendo suas vontades,
me aproprio das suas palavras.
te trago pra dentro de mim.
e te apago, como um último cigarro.

Ferramentas Insuficientes

Todo medo e toda sensação e toda essa ansiedade.
Toda vez e toda hora e toda a minha vontade.
Eu te desejei por anos nos meus sonhos, nas minhas preces,
E nas minhas noites mal dormidas, mal comidas, mal amadas.
Eu te pedi, te implorei, te rezei sem fim por dez anos ou mais,
Por tantas ruas, e casas, e festas,
E em tantos amores que não eram meus.

Você é meu.
Já não te quero.

Eu sou um ser humano quebrado.

Na Boca, Nos Pelos, No Sangue

eu me irritava com a sua capacidade de blefar,
mordia os lábios de ódio pelo seu cinismo,
a sua burrice forçada.

os seus defeitos, com o tempo,
se estampavam forte na minha cara.
eu dizia suas palavras com a minha boca,
assistia ao mundo passar com os seus olhos.

e se fechasse,
e daí?

você morava dentro de mim pelos caminhos mais trapaceiros,
deixava seu cheiro num cobertor,
alguma saliva correndo por minhas veias.

tentei te odiar todos os dias,
tentei te odiar num ódio de morte,
tentei o infinito pra te ver fora de mim,

tentei acreditar em mim,
quando me digo que não te gosto.

Feito Pão

eu como requeijão com vento e pão com ar
porque não sei misturar o que é bom.
eu podia ter você inteiro
mas cortei seus pedaços pra apreciar aos poucos e te perdi.
não inteiro, porque você está aqui.
mas esfarelado pelas esquinas,
pra vulgarizar o que eu sinto.
vou te jogando de pouquinhos,
te abusando devagar,
me livrando do que você tem de mais bonito primeiro
que é pra ver se no dia de abrir mão de você inteiro
me dói um pouco menos.

Olhas Pra Onde?

Se eu quisesse, e pudesse, faria mesmo diferença voltar as coisas pro lugar? Porque pense bem, devagar, e receba. Perceba que a chuva está nos olhos que choram, não nos olhos que enxergam chover. Nenhuma boca fala por todas, a sua já não beija a minha. Me parece mais simples dormir sozinha do que me espremer no espaço da sobra de alguém que mal me vê. Já disse algumas vezes pro seu ouvido seletivo — olhar pro mundo é necessário, mas nem sempre é inteligente o coletivo.

Espectro

Todas as cores do mundo se escondem nos teus olhos
De manhã, eles têm cor de amor
Na hora do café, de vontade
À hora de almoçar, têm cor de desejo
Pela tarde, de verdade
Mais à noite, têm cor de sorte
E quando já completamente escuro,
Seus olhos têm cor de morte.
E os meus assistem quietos, passivos, deslumbrados.
Em cada olhar que me jogas,
Os meus, pelos teus,
Continuam apaixonados.

Nem Uma Nota

Um milhão de frases eu te escrevi. Um milhão em seqüência, procurando as palavras exatas pra te fazer derrubar apenas uma lágrima e não mais que isso, porque aquela lágrima havia de ser de felicidade. Eu escrevi todo dia, toda hora, procurando a rima exata que fizesse o caminho certo pro seu coração. Mudei a cor da caneta, troquei o tipo do papel. Eu te escrevi em todas as línguas que eu sabia, e até nas que eu não entendia, eu inventei. Escrevi tanto que minhas mãos adormeceram, meus olhos lacrimejaram de cansaço. Escrevi tanto que as palavras, no final, já se confundiam. A minha redundância era incrível e colorida, disposta em vinte tipos diferentes de papel. Escrevi tanto e, tanto, me perdi na minha própria poesia que acabei esquecendo: o tempo passou, sua vida mudou e, pra mim, você não anotou sequer à lápis em um papel de pão o seu novo endereço.

Vencido

Hoje você morreu aqui.
Morreu de novo.
Morreu de vez.
Desimportante.
Apagado.
Escuro.
Joguei todo aquele amor pro outro lado do muro.
E me mudei.

Carne Viva

você descascou todas as camadas da minha pele
triturando lentamente cada centímetro, cada polegada
de amor, cuidado e autoconfiança
todo medo que eu já tive
você usou contra mim
para me roubar os lugares onde estive
e eu encolhi como uma versão pequena da pessoa
que era corajosa, que viajou o mundo
eu me abusei para te entreter
e sua risada aumentava conforme eu quebrava
lembra das flores dos primeiros dias?
as pétalas — caindo uma a uma — eram um sinal
(uma premonição)
do meu destino
em suas mãos

O Asco

te odeio tanto que
odeio os versos que escrevo
pensando em você
sua boca de verme
seu coração de barata
asqueroso por inteiro
desprezo com toda a minha epiderme
a lembrança do teu rosto
tenho assim
tanto nojo
odeio que suas palavras
sempre acabam
no meu caderno

Com Certeza Sabe

às vezes fico pensando
se você sabe
que eu morri a pior das mortes
quando estive
nos seus braços

O Crush Da Escola

Sentada à mesa já adulta
eu contei pras minhas amigas
que quando eu ainda
não sabia que podia dizer não
a sua mão segurou a minha nuca
e ficou empurrando minha cabeça
até a minha boca
engolir cada centímetro
da sua masculinidade
à força

Na TV do seu quarto
no andar de cima da casa dos seus pais
um barulho um pouco abafado
pelas suas mãos que nem por um segundo
destaparam minhas orelhas

O gosto do seu sêmen
misturado com o salgado das minhas lágrimas
grudou na minha língua
e assim que cheguei em casa
eu a escovei
por uma hora seguida

O Depois

Me olhava de canto como quem nada queria,
e fazia frio ali dentro,
de mim.

Me olhava de cima à baixo, como quem abaixa,
e finge que não viu o que abaixou pra ver passar,
fui eu.

Me olhava com cara de fome,
a boca salivando com dentes prontos pra devorar,
a minha.

Me olhava com desespero, mas acho que era mais vontade,
e queria que eu pulsasse em sua direção,
mansinha.

Me olhava,
todo dia.

Me olhava,
me despia.

Pela rua sozinha andei por dias,
e eu sei que você me via.

Agora ainda me olhava,
só que já vazia.

Self Service

eu demorei anos
décadas
para entender
que homens
arrancam da gente
exatamente o que decidem
merecer

Terremoto

a avalanche
e eu embaixo
dos escombros
tudo (daqui)
parece gigante
nada passa de pó
no muro que se deita
em cima de mim
seu rosto
já não sinto nada
soterrada

Desgraça No Peito

dentro do meu peito
estoura
um esboço
grotesco
tosco
uma mistura azeda
de amargura com os ácidos
do estômago
meus órgãos estão de luto
minha cabeça dirige um trem desgovernado
(e vazio)
você me matou
me despiu
me sepultou
e eu ainda estou aqui

Faz De Conta

Eu sinto falta de quem eu era
Antes de você conseguir
Me fazer acreditar
Que eu não era nada
Além do que você dizia

Cai O Mundo

mesmo os que não entendem dos meus restos
de todo vestígio seu que sobrou em mim
entenderiam sobre a vontade de conseguir
de ter conseguido lá atrás, com você
de não ter falhado
de ter vencido
hoje eu estou aqui
às vezes está sol, às vezes chove
não me importa
ninguém se interessa pelo tempo
não estamos na Inglaterra
não vai chover pra sempre
não vai chover todo dia
nem pra sempre
a primavera chega
uma hora dessas ela chega
já não consigo mais me explicar
replicar a vida que vivi contigo
falharia
tudo está mudando
eu estou mudando
mesmo estando ainda aqui

(À) Força

tentou me cegar
me roubar de mim mesma
me tirar da órbita com um beijo
(ele não era seu)

suas desculpas e meus caminhos cruzados
a vida pedia pressa
a morte estava parada
(em você)

porque tudo era segundo
arredio nas nossas pernas
fugaz no nosso gozo
(passou)

fugido por entre as taperas
esguicho nas flores
areia escorrendo pelas pedras
(sem tempo pra grandes amores)

tentou me cegar com um toque
uma palavra encaixada
um abraço esforçado
(que não era seu)

admiti a derrota
e a certeza do nunca mais
aqui me deitei por hoje
(esgotada)

o amanhã que me desculpe,
que tremam as muralhas
mas já não poderei ficar
(não aqui, não jamais)

Au Revoir

você fez poesia com a tarde
olhou de longe meu cabelo balançar com o vento
sentiu meu cheiro, mas não me abraçou.
você jurou por dias e semanas e meses
numa repetição de vontades e de pedidos
que me queria a qualquer custo, agora, amanhã ou sempre.
sorte minha que não acreditei
minha sorte foi duvidar tanto.
com as mãos desatadas
e os abraços já, então, fugazes
eu descobri que é desse amor que tanto se fala
que eu não quero gota nenhuma.
até logo.

Depois De Pedir Tanto

o que te mantinha ali, sempre forte?
por que segurava tanto minha mão
mesmo quando eu mesma me soltava?
de onde vinha sua redenção, sua preocupação,
seu apreço à mim?
será que eu merecia suas palavras?
será que você merecia a minha incoerência?
será que eu sabia que em você eu encontrei o que,
histericamente,
eu procurava?

Quando Bate A Porta

Ao mínimo sinal de que
Alguma coisa está errada
É impressionante
A velocidade em que seus pés se movem
E que seu corpo esguio
Sempre
Acha a primeira porta.
Você corre de mim
Porque eu atormento seu mundo
Se esconde de todos os sentimentos
Que não te dão a sensação
De prazer profundo
— Essa doce ilusão que foi sua vida
Antes de eu chegar aqui.
Você se faz de valente
Quando na verdade tem medo de tudo
Pouco importa que as luzes estejam acesas
Não há escuro tão denso como esse
De quem tem medo de olhar pra dentro
Nunca
Na minha vida toda eu pensei
Que fosse viver à mercê de alguém
Que vive a fugir de tudo
Vive com medo de viver
Vive esperando
A hora de morrer.

Oito Pires, E Mais Nada

fui contando devagar
as horas do dia
os pratos da casa
os pelos do braço
os vasos empilhados sem flores
(às vezes contava os não vagos)
os azulejos do banheiro
as cicatrizes na minha cara

passei o dia contando tudo
contando os segundos
para ver se você voltava

Calada Da Noite

Quando faz silêncio
E só consigo escutar meus martírios
Você sempre aparece certeiro
Forasteiro
Seu rosto nunca deixou de existir dentro de mim
Eu sinto saudade de tudo
Eu queria não ter vivido nada daquilo

Me Faltava Tudo

havia um mundo de possibilidades
onde as janelas estavam sempre abertas,
as portas não se fechavam nunca,
e os nossos sorrisos eram perpetuamente verdadeiros.
antes de você chegar,
eu achei que soubesse falar de sentimentos,
que apenas os monumentais importavam.
achava bobagem querer sorrir à toa,
ter vontade de decorar sua cara.
eu era incapaz de compreender
todas as nuances de uma sensação ousada.
sem você não seria possível o amor,
sem seu amor não existia nada.

Soluço

Eu acho que te assustei. Porque de repente os teus olhos que já não me olhavam direito passaram a procurar detalhes em mim. Porque suas mãos que andavam distantes começaram a se esforçar no caminho que vinha em minha direção. Te assustei porque percebi que tuas palavras são duras mas que dureza mesmo vai ser, pra ti, acordar e perceber que eu fui embora pra sempre. Te assustei sem intenção nenhuma de azedar teu sonho, mas sim pra te despertar do sono profundo. Eu faço parte do mundo real.

Máscara

Era amor.
Mas também era vício.
À princípio,
Enfileirado junto aos meus livros na estante.
Aqueles mesmos, que nunca li.
Você distante.
Seus dedos percorrendo as esquinas cheias de poeira,
Você quase me desvendou,
Eu era uma farsa.
De palavras que não eram minhas
E ideias que eu decorei em contra capas.
Eu era esparsa.
Você ali,
Em meio àquela fumaça que só vemos em sabedoria,
Aquela coisa louca que admiração fulminante faz com a gente.
Era amor no começo,
Agora só estou doente.

Não É Amor

Não faremos sentido, eu não acho.
Não hoje, não agora, não nunca — talvez.
Você é de um mundo que é outro, não meu.
Não sinto seu cheiro de noite, nem seu toque, não sinto nada.
Não beijo seu beijo, nem choro sua vontade,
Menos ainda acredito na sua verdade.
Você é negação da minha saudade.

ATO 3
SANGUE NOSSO

Poemas sobre o amor em todo seu devaneio.

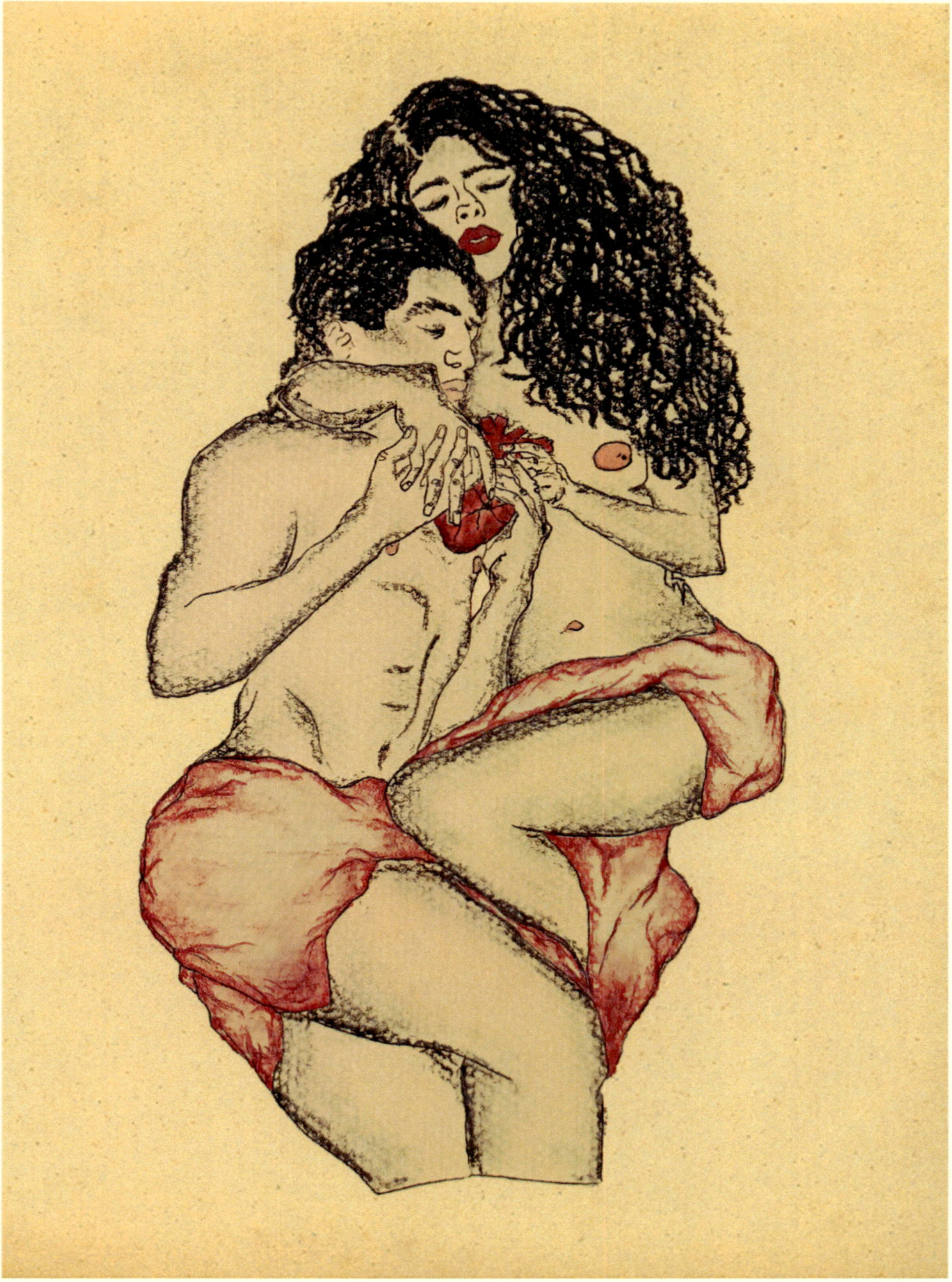

CRÔNICA DE ABERTURA

Um Par de Vasos

Vestiu a carapuça da mulher casada. O amor, essa história contada com tantos detalhes desde que ela era criança virou, por falta de opção, o centro do mundo dela. Tomou na testa tantas vezes ao longo da vida que, se fosse honesta, nem sabia como era viver se não estivesse estrebuchada.

O amor, essa farsa boa quando bem manjada. Ali, naquele casamento deles, naqueles móveis deles, ali, dentro daquela casa deles, estava ela. Ela estava sentada. Olhava em volta, tanta quinquilharia empoeirada. No espelho do outro lado da sala via metade do seu corpo jogado. E na verdade não via nada.

Já não sabia onde começava o que um dia foi ela, e segurava firme a barra da calça como quem segura uma ideia que está com medo de perder, prestes a esquecer. Tinha se esquecido de tantas coisas. Tinha se dado tanto que, sentada ali, quase não restava nada. Olhava os brinquedos no chão. Os livros empilhados na estante. As flores pela casa. Pelos do cachorro no sofá.

Contas, comida, dores nas costas. Trabalho, nenhum malho, filhos na escola. Plantas, sapatos, séries na televisão.

Não tinha libido. Não tinha gozado. Havia sumido o tesão. Se perguntava onde foi parar aquela menina que tirava a calcinha no carro para já chegar pronta no apartamento do namorado. O que se deu daquela leveza que sentia e que a deixou flutuar por tantos lugares, por tanto tempo?

Não sabia. Envelhecer traz consigo tanta coisa bonita, mas assim como Virginia Woolf, eventualmente uma mulher adulta (e casada) se encontra no rio, com os bolsos cheios de pedras.

Cortou suas verduras como sempre cortava — ele lavava os pratos assistindo alguma coisa que a ela nada interessava. Um reflexo mundano do que havia virado a dinâmica daquele amor que um dia foi o tremor do seu mundo. As placas tectônicas, agora, estavam quebradas.

Daí o jantar ficou pronto. E então, jantaram.

Os braços contorcidos, cansados. Sem perceber — nem que ele também não tinha percebido — fixou o olhar no cabelo lindo dele, cheio de ondas, feito o mar. Sempre pirou deslizando livremente por todas as curvas que aquele corpo, daquele homem que hoje deixaria de ser seu marido, lhe proporcionou. Os dedos dele eram capazes de ler a pele dela como braille. Dividiram a cama, o corpo, o coração e o mundo. Tiveram filhos. Enterraram medos. Criaram outros. Como se livrar do todo?

Pensando no que os unia, ela já quase não se lembrava de nada, e ao mesmo tempo era uma enciclopédia de tudo.

Sabia na ponta da língua cada esquina daquela boca. Sabia o cheiro que emanava aquela pele a qualquer hora do dia. Sabia de cor as pintas, os pelos, as marcas, as unhas, as dobras, os joelhos. Sabia toda história referente às cicatrizes.

Se beijaram, se cheiraram, se entrelaçaram, se lamberam, se digladiaram, se comeram, se machucaram, se perderam, se reencontraram, se devoraram e se perdoaram por duas décadas — talvez um pouco menos porque é verdade que o carro tinha deslizado da pista, e estava estacionado torto no acostamento já havia um tempo. Mas, ainda que agora perdidos, se amaram por completo. Enfiaram dedos em feridas e em todos os orifícios de afeto. Se amaram bem. Se amaram muito. Treparam. Tretaram. Nunca conseguiram terminar.

Catando o cocô do cachorro enquanto o filho puxava seu braço, despertou do déjà-vu não solicitado.

Andou até ele como quem vai de encontro à própria morte, como quem fez pazes com o próprio destino e, ali na beira do penhasco, sente a vida pulsar plenamente por cada veia, por cada artéria, músculo, poro. Não desistiria aqui, não daria pra trás agora que olhava diretamente o precipício.

Com as mãos ainda pegajosas do resto das azeitonas que devorou durante a última ceia, segurou aquele rosto que ela conhecia até melhor mesmo que o dela. E se despediu.

Não gritaram. Não tentaram. Não choraram. Romper era preciso e estava acontecendo, inclusive, atrasado. Só os tinha faltado coragem.

Acreditava piamente que amores não dão errado. Amor mesmo — que presume entrega completa de corpo e de alma — dá certo até o momento que acaba. E, quando acaba, não acaba, mas se transforma. E metamorfoses são dolorosas, basta a quem quiser saber ler o Kafka.

Separaram as coisas, dividiram as casas. As crianças traziam roupa suja e notícias, às vezes até boas risadas. No porta retrato deixado na escrivaninha se abraçavam como duas peças de perfeito encaixe. Tinham mesmo muito a comemorar. Tinham usufruído largamente do maior tesouro desse mundo, um amor profundo, complicado, repleto de amarguras, felicidades, tragédias obscuras, e histórias pra contar.

No começo sangrou bastante, mas hoje quem os vê separadamente vivendo suas novas vidas pode jurar que são, e que de fato sempre foram, não duas metades, mas sim dois inteiros.

Amor pode sim terminar sem acabar. Eventualmente as estruturas se refazem, uma nova normalidade se aconchega com o sangue que volta a correr normalmente pelas veias.

Aí — uma hora — a hemorragia cessa, e a vida segue.

POEMAS

Ciranda

Eu me removi de você naquele dia.
Os seus olhos marejaram de novo e, de novo, a culpa era minha.
Nossas noites tinham barulho agora carregado de tristeza.
Eu me barriquei naquele choro.
Tantas coisas eu queria dizer, mas só disse besteiras.

Não falei que eu amava as suas sardinhas,
Que não vivia sem suas risadas,
Que daria a minha vida
(ou não daria nada?)
Pelo peso do seu corpo no meu de madrugada,
Para repousar a cabeça no seu peito até morrer.

Naquela noite a gente se soltou, e a culpa foi minha.
Minha
Porque eu fugi de muita coisa
Minha
Porque chegando aqui continuei perdida.

Eu choro,
Você me dá colo.

(até parece que eu merecia)

Eu reluto — preciso chorar minhas lágrimas,
Acabo cedendo — preciso mais ainda abraçar você.
Naquele dia
(lembra?)
Você me encontrou de novo.
Me fez enxergar o que deixei de perceber

(porque eu tenho medo, como você bem sabe, de permanecer).

Devo seguir fugindo,
Essa é a verdade.
Continuar a me estrebuchar como uma borboleta
Que, desesperada, procura pela luz
Para camuflar a penumbra dessa vida redonda,
Onde você é o centro de tudo.

Depois
(ou ainda mais tarde)
Eu, ao invés de voltar pra você,
Vou seguir viagem, voar pra longe,
Me re-acolher.

Resolver deixar a translação para os bobos apaixonados,
E me focar
(me fincar)
Na rotação do meu próprio eixo

Que digo,
É de fato,
O movimento certo pra quem não admite
Num outro corpo
Se perder.

Não Sei

É isso que me move, que não me deixa virar estátua, que me faz correr quilômetros sem perceber distância.

Eu preciso do seu impulso, do seu pulso, do que você deixou — por um segundo — de me dar.

Meu relógio quebrou no exato minuto em que você se mudou de mim e, assim parado, ficou.

O que me move, então, é aquela vontade — quase estúpida — de trocar a bateria, reajustar os ponteiros, e começar tudo de novo, exatamente dali onde paramos nós,

há um segundo.

Ainda Sangra

O que aconteceu com a minha razão? Por que é que olho pra ti, e vejo ele? Meus medos estampados no seu sorriso novo, na sua vontade de mim.

"Não me machuque. Não me machuque. Não me machuque."

Fico repetindo em silêncio, quase tão baixinho que você não escuta. Seu abraço afaga o meu, afogados. Quero que ele saia de mim pra você entrar, sem medo. Mas eu ainda sangro dessa ferida — sem querer, sem controle, sem jeito.

Me perdoe.

Mais Cinco Minutinhos

Você acha que sabe de tudo, mas há coisas no mundo que você não sabe. Coisas minhas que, apesar de serem suas, não te pertecem. Coisas que nunca ousei pensar em te dizer.

De manhã bem cedo meu olhos se abrem como relógio cuco. Você ainda dorme espelhado na minha retina. Suas sardas, seus cabelos, seus dentes, poros e pelos todos adormecidos e mortos, só que cheios de vida. De manhã bem cedo, eu acordo no susto, desesperada pra te ver dormindo tranquilo ao meu lado. Você que finalmente agora é meu namorado. Eu te espio clandestinamente, sinto seu cheiro sem muito mexer a narina pra não te acordar. Me afogo nessa sensação maluca que é o começo de gostar de alguém. E aí durmo de novo.

Mais tarde, quando você acorda, eu finjo surpresa ao te ver, mas nem preciso forçar emoção. E você me beija, me abraça, me morde. Eu acordo todo dia com uma vontade insuportável de viver pra sempre, de viver pra sempre com você.

De noite eu durmo ansiosa esperando aquele momento tão curto no crepúsculo do dia onde te olho, te cheiro, te sinto. Aquele fragmento de vida onde tudo é perfeito e nada é proibido.

Um emaranhado de amor, meio acordada, meio dormindo.

Desafino

pra materializar a verdade é que eu canto
seus ouvidos seguindo
minha voz ecoando por tudo
nós caídos
deitados como notas distintas
em partes diferentes do outro
eu estava feliz de doer
e minha voz cantava bonito
é por isso
entendeu?
no geral, eu desafino

Bate De Novo

Meu coração bateu tanto por alguém que não soube acompanhar seu ritmo que foi ele mesmo — o meu pobre coração — que acabou descompassado.

Você deitou do meu lado e segurou seu braço ao redor do meu peito. Seu coração batia tão forte, e em tão assustadora disritmia, que meu coração que andava meio parado percebeu que dois compassos bagunçados podem se encaixar em lacunas e fazer sinfonia, em sintonia.

Você bate, eu espero; você espera, eu bato.
Fiquemos assim, intercalados.

Gosto De Alegria

Quando eu olho pra você
Quando você também está olhando pra mim
Quando eu descubro o que você estava pensando
Quando você completa a minha frase
Quando a gente descobre que se conhece melhor do que ninguém
Quando quase nunca concorda em nada
Quando eu acordo com vontade de abraço
Quando seu braço já está em volta da minha cintura (sem eu perceber)
Quando é pra tomar a decisão mais boba
Quando é pra decidir mudar a vida toda
Quando a gente acaba sempre conseguindo vencer

Tem gosto de coisa nova
A minha poesia ter sumido um pouco
A minha eloquência ter virado loucura
A minha vontade de palavra ter findado em silêncio

Tem gosto de alegria
Todas as coisas que a gente conseguiu junto
Todos esses anos depois
Todas as lutas contra os empecilhos, o relógio, o mappa mundi

Agora é sorriso.
Ninguém precisa me ensinar a sorrir.

Manhã

Tudo é meu e tudo posso,
Dois que são um sempre começam sendo simples estranhos.
Sua mão grudou na minha sem escape e eu precisava mesmo ficar.
As palavras cada vez mais baixas, mais quentes e mais devagar.

Tudo é meu e tudo é nosso,
Como caminhada de manhã na rua que acordou com o sol do céu.
Seu sorriso sempre ali, pontual e indiscreto, secreto.
Sua vontade certeira e todas as suas palavras de amor escritas no meu teto.

Pra Onde Eu Quiser

no final do dia eu não quero ir
pra onde a maré me carregar
ou ter de ir
pra onde o mundo girar
eu não quero que a vida me leve
e quero
menos ainda
me perder no fluxo
quando o céu apaga
e meu dia escurece
eu sinto seu cheiro
e sei
estamos indo pra casa

Completos e Complexos

Nós temos sorte, eu e você. Mesmo quando nossas idéias não combinam, nossas cabeças ainda decidem deitar uma do lado da outra naquele nosso travesseiro conjunto, na hora de dormir. Você não entende meus medos e eu tenho pouquíssima paciência pro seu jeito preto e branco de ver a vida. Mas as minhas paranóias não te assustam e a sua falta de criatividade nunca me deixou de sonhar. Você é a minha versão melhorada na hora de tomar decisões práticas, e eu sua versão mais louquinha, que te ensinou a dançar na rua mesmo se todo mundo estiver olhando. Somos completos, e complexos. Somos amantes, e somos amigos. Somos amor.

O Ano Da Lã

dizem que quando o tempo passa
e os anos chegam à sete
uma inacreditável
incontrolável contorção
algo como uma coceira
acha o caminho até
o (uma vez) apaixonado coração.
mas nós andamos por milhas
em ruas cobertas de Hera Venenosa
andamos por elas descalços
pelo mundo afora
e sim, por vezes nos coçamos
mas ser casado é uma escolha
e nós a fizemos
e nós a fazemos
e nós (eu espero) a faremos.
dizem que quando o tempo passa
a paixão dá lugar à tristeza
eu acho que eles não atentaram
ao fato de que o amor
com todas suas nuances
tem mais de uma face
tem membros, e pulmões, e entranhas
e luta pela gente
na mesma intensidade que lutamos por ele.

O Tempo Pode Esperar

Todo esse tempo é nosso, e não precisamos de desespero.
Pressa é pra quem tem o que temer
E tudo o que está aqui é nosso —
Nada vai mudar.
Enrosque seus dedos nos meus,
Abrace meus braços nos seus,
Vamos ficar juntos assim, devagar,
Sem correr, sem mudar, sem se perder.
Eu demorei tantos anos pra te achar.
Vem amor, vamos encaixar.

Amor E Literatura

Derrama em mim teus medos
Conta pra mim teus segredos
Ensopa-me com tuas lembranças
Penetra-me as tuas esperanças
Aloja em meu ventre teus sonhos
Permite-me gerar teus inconhos
Afaga aos meus problemas
Me deixa te escrever em poemas

Tétano

somos metade metal
metade lágrimas
— nem tudo o que chora enferruja.
não é todo amor que é feito
pra ter som de serenata
— nem pra durar pra sempre.
somos o que somos
exatamente assim, do jeito que viemos
— nem sei se é possível ser qualquer outra coisa.
não há no mundo ninguém, e veja, eu olhei,
que derreta a lata do meu coração como faz você
— nem quando tento de tudo pro contrário acontecer.

Indecisos

Tudo aqui está igual.
Meus sapatos enfileirados,
Minhas roupas divididas por cor,
Meu coração brincando hora de amor, hora de safado.

Tudo aqui está igual.
Eu e você na rua,
Ladeira acima e penhasco abaixo.
Com chuva, com sol
Ou com dia cinza de preguiça do céu.

Tudo aqui está igual.
Acordando com mil certezas,
Indo dormir sem saber nada.
Mania de quem seguiu a letra da música ao pé,
E resolveu que amor se inventa a cada minuto.

E, por isso,
De minuto em minuto
Pode ser lágrima ou riso
(porque, afinal, muda).

Mas sempre será igual.

Ainda Voa

A gente vai
Eu, você e o vento
Pensei
Por um momento
Que não voaríamos mais
Que estávamos muito pesados
Pros nossos sonhos antigos
Mas aí percebi que não
Que dentro de nós existem
Dois balões de gás hélio
E a gente ainda
Voa

Fim

Hoje eu queria uma rua imensa pra eu correr todo o meu martírio numa direção incerta, extensa. Mas a minha viela só chega até você, e acaba.

À Segunda Vista

Tanto faz as palavras que eu escolho com cuidado montando a frase certa pra te falar. Seu ouvido está surdo para tudo o que eu gostaria que ele pudesse ouvir. Eu montei essa história na minha cabeça e, como em todo conto autoral, não foi a minha que rolou pelo chão no final do último parágrafo. Vejo os dias passando por passar. Qualquer emoção ficou perdida em algum lugar do nosso passado que jamais ousaremos descobrir onde fica. E talvez seja esse o desafio. Talvez a gente precise aprender com outras coisas, encontrar novas lentes por onde nos olharmos. À segunda vista, vai ver é possível de novo nos emocionarmos.

Bússola

não quero caminhos longos pra sua entrada
quero atalhos escondidos nas florestas
quero frestas por onde eu possa espiar
quero pular muros, roubar jangadas.
vamos arriscar uma dança a dois
com romance, sem frescura, em alto mar.
foge amor, mas deixa eu te encontrar.

Verão

Teu cheiro de pele salgada,
Teu beijo com gosto de mar.
O sol entra com você,
Eu aberta, esperando.
Janelas e portas quebradas,
O quente da rua espuma no ar.
Você finge que olha, mas não vê.
E lambe, e mordisca, e espera.
As pétalas molhadas.

Distante

mude as flores de lugar
eu quero te redescobrir
eu quero te redesenhar
quero sentir suas formas
encaixar você nas minhas fôrmas.
quero suas cores
suas nuances
seus desejos.
quero você claro porque sou escura
quero você espada porque sou escudo
quero seus anseios de madrugada
e suas vontades de amanhecer.
quero você inteiro
e em pedaços
mesclado e completo.
quero gritar sua chegada
e chorar sua partida.
eu quero aquela vida
a nossa vida,
que nunca chega.

Faz Tempo Que Foi Ontem

Você parecia o Julian Casablancas se ele tivesse nascido no meio do mato. Seu beijo encaixava no meu como uma luva e seu braço cabia certinho na minha curva da parte pequena das costas, encaixava feito lego, se lego fosse feito de espuma. Você mal falava comigo porque não sabia mesmo falar o que prestava; mas eu prestava atenção mesmo sabendo que quando falava era só do seu umbigo. Não tinha problema nenhum, afinal, seu rosto deitou comigo por dias e anos; e décadas depois, seu abraço, seu beijo e suas baboseiras ainda cabiam certinho dentro de mim, mas só naquele espaço curto onde fica guardado o passado. Saudade nem sei se é a palavra. A nossa pele tem memória.

Acordada

Sonho.
Todo dia, toda noite, a qualquer hora.
Sonho com a vontade e a quentura.
Sonho com o cheiro, com o desejo, com o infinito, com a tontura.
Sonho sempre, e sonho tanto, que sinto.
Como se fosse meu, aquilo tudo que é seu.
Sonho com o ventre, o cabelo e a fresta que eu só enxergo
Do milímetro separando todo o meu, de todo farelo do seu.
Eu sonho,
E sonho,
E sonho.
A qualquer hora.
Faz calor dentro de mim.

Não Era Sorte

eu preciso de alívio
daquele que só você sabe dar
quando a noite cai e não temos saída.

as pessoas se encantam:
se consomem, se consolam.
mas a verdade é que cantam sozinhas,
que andam descrentes como quem já cansou de suplicar.

hoje eu preciso de consolo
daquele que só você consegue submeter.
quando as histórias fazem pouco sentido,
e a nossa surpresa se dá pela sorte.

pelo que seria dado por sorte, mas deixou de ser.
deixou de ser porque não era sorte
não era sorte, e sim amor.

Amor Voltaico

Eu fui cheirar tua nuca
Buscar dentro da tua boca
As verdades e mentiras
E palavras que não eram
Uma, nem outra.
Eu abri os seus braços e minhas pernas
Entrelacei nossos acasos
Me debrucei na tua bunda
Pra ver se conseguia nos juntar em entrelaços
Seu suor era um rio bem fundo
Seu gosto, assim, um mundo.
Eu te beijei profundo de olhos fechados
E me perdi nas nuvens atrás dos seus dentes cerrados.
Você mudou tudo dentro de mim
Mudou minha textura
Eu que cheguei aqui querendo só ir pra casa
Hoje sou cachorro que se perdeu na mudança
Pessoa vagante da vida
Sem a menor estrutura.

Caminho Batido

Presos de novo
Você e eu
Meses e dias
Dias e noites
Nós brigamos e partimos
Nos beijamos e resistimos
Presos de novo
Eu e você
Horas e séculos
Sol e tristeza

Em Círculos

Quando você bate a porta, sai e vai embora, eu sinto uma tremedeira tremenda. Sinto meu corpo desmaterializar. O que estou fazendo aqui? Como vim parar nesse fim de mundo chamado nós?

Chamamos um ao outro de tantas coisas que não se podem deixar pra lá. Tantos nomes impossíveis de desdizer. Você e eu somos o caos do mundo. O tsunami de todas as coisas que não casam, juntas.

Nos casamos. Nos mutilamos. Nos destruímos.

Você bate a porta. Pra mim dá no mesmo do que se socasse a minha cara.

Como é que alguém vai embora todo dia, e acaba que sempre volta?

Ouviu?

Daqui (e de outros lugares)
Todas as palavras perderam o som.

Meu coração está mudo,
De fato só pode estar.

Sigo chamando, gritando
Ainda aqui, esperando.

Você nunca vem,
Nunca sinaliza a volta.

Daqui (da onde eu grito)
Faz frio de congelar o peito.

Meu coração falha em bater,
A minha vida virou esperar.

A Caminho

Você está me matando.
Assim, como quem nem sabe o que faz,
Mas fazendo.
Aos poucos fui perdendo todo o sentido,
Virei uma carcaça de mim.
Um por um, meus órgãos apodrecendo.
Uma a uma, as minhas ideias desaparecendo.
Fomos nos enfiando em vielas que não convidam vida,
Nos forçando à proximidades que requerem dívida.
Nos dividimos.
E eu zerei.
Estou morrendo nas suas mãos.
Mãos que amei, que beijei,
E acabaram me estrangulando.
Estou por um triz,
Tão infeliz,
Que calada permito,
Quase sem atrito,
O final de mim.

Conclusão

Às vezes a gente muda tanto ao longo do tempo que quando encontramos um espelho pendurado no meio do nosso caminho olhamos e, opa!, quase não sabemos quem está ali olhando de volta pra nossa cara de tacho. Você me fez diferente, roubou minhas vontades e minha disciplina eterna comigo mesma que me fazia tão amante das minhas escolhas. Você roubou alguns dos meus sorrisos e guardou no seu bolso, só você queria sorri-los. Você fez muita sacanagem com aquela minha segurança que não bambeava, mas hoje vive com um pé atrás do outro na corda. Só que no final das contas, a culpa não é exatamente sua. Ninguém faz nada com outra pessoa sem que a primeira deixe.

Eu devia deixar você.

Passado

De que adianta você sentado, bem ali na minha frente, se meus olhos — safados — continuam fechados querendo saber de passado, de tudo que já deu errado?

De que adianta suas mãos nas minhas, tão apertadas, se a minha circulação já foi — outrora — bloqueada por mãos que não eram suas?

De que adianta tentar, tão forte, tão sério, tão tenso, se no final do dia a gente sabe, a gente percebe, a gente sente que tudo está muito difícil pra quem deveria estar — na verdade — enamorado?

De que adianta me questionar — honestamente — eu sei, você sabe (quem não sabe?), sou boa em dar conselhos, nunca em aceitá-los.

Atrito

já era manhã quando eu percebi
virei pro seu lado seguro
e deitei largo no seu peito aberto.
mas ele só parecia:
projetava segurança,
insinuava uma morada,
mas era mentira.
seus olhos estavam fechados,
e não era só para a luz.
por mais que eu forçasse,
nossos corpos não se encontrariam,
não haveria atrito.
eu te olhei daquele jeito
do meu ângulo mais severo
pra não despejar as minhas maiores frustrações.
(também).
o dia nascia alvo e macio,
e o céu, o sol e as nuvens estavam felizes,
mas não você.

Imitando O Amor

me abraçou frouxo
como se não quisesse depositar nada de alma,
nada de encanto,
menos ainda de amor.
não olhou nos meus olhos
não me disse palavras de afeto
não fez minha palpitação voar.
você fingiu não me enxergar,
mostrou pra quem quisesse que não me via,
se escondeu na sua mentira.
mas eu vi.
eu fiz o mesmo por fazer
eu fiz o mesmo pra ser forte
e fiz o mesmo pra não denunciar a gente.
no fundo, tudo o que eu fazia era pelo que foi.
as lágrimas do depois pouco importavam,
eram falsas e por ser.
o que doeu foi o adeus póstumo de quem já havia decidido de véspera.
tentei chorar você sem me lembrar
tentei resgatar você e sorrir.
mas foi naquele abraço frouxo que eu percebi que
não era mais você
tampouco era eu,
nós não estamos mais aqui.

À Minha Volta

Eu sei que é impossível voltar no tempo,
Que não posso te apontar o que estragou
A gente
Eu sei que a vida é feita todo dia,
Que é inconcebível voltar praquela fase que passou
Pra sempre
Onde a sua alegria dependia de tão pouco
Dependia só de mim
Onde tudo o que me preocupava
Era te aproveitar
Te beijar
Te lamber
Te amassar
Onde eu não sabia se isso daria certo
Se algum gosto seu permaneceria na minha boca
Contente
Nada pedia pressa
E tudo passou tão rápido
Agora
Pouco importa o que quero
Tanto faz o que restou à minha volta

Em Farrapos

seu afeto
uma arma de fogo
um instrumento ereto
de controle
não me ama!
nada disso aqui é amor
estamos os dois lambuzados
ensopados de sangue
nesse ringue fajuto
nessa vida forçada
o que parecia bruto
esse sentimento orgânico
(que entendemos errado)
(que achamos ser puro)
nos deixou aqui
olhe bem pros nossos corpos
veja a finura dos nossos ossos
não há miragem
esse deserto é nossa verdade
não somos mais nada
a não ser produtos dessa farsa
estamos em farrapos

O Fim Do Nosso Carnaval

Meu sonho era poder voar pra sempre naquele seu momento onde nada se diz. Ficar por lá sem hora pra chegar, pra achar, pra entender. Eu queria tantas coisas de você, mas tenho tão pouca sorte. Você se faz de colorido, mas a sua fantasia sempre cai quando chegamos em casa. Eu quero purpurina, quero marchinha, quero suor, samba, saúde no amor. Nuance de emoções. Sedução brasileira, a coisa toda. Com você tudo é tão preto no branco que nos desintegramos aqui. Olhe em volta, meu amor. É quarta-feira nesta casa. Essas são as nossas cinzas.

Vida Voa

somos um nada
com um pouco de tudo
e um resquício de talvez.
isso,
porque somos nossas dúvidas
misturados aos nossos acertos
esquecidos nos nossos poréns.
a vida segue correndo
em frente sempre
não há vielas
não há vieses
correr
mais rápido.
somos metade estaca
e metade fuga.
somos ardentes e amargos
porque somos, sempre,
adeus.

Sejamos Felizes

estar junto
sem estar
atado
tato
no ato
misturados como fumaça
como nuances
como as cores depois da chuva
estar separado
sem despedidas
sem idas
nem vidas
sem nada que não seja
do agora
com nada que possa impedir
o futuro
estar livre pra o que se sente
voar pra onde for
e
se voltar
tudo bem
mas
se não voltar
se estender
se os ventos levarem pra outras direções
que sejamos felizes

Você Me Deixou Assim

sem o menor
resquício
de vontade
me deixou
o seu amor
que a princípio
me trouxe
tanta verdade
acabou por ser
fictício
me restou sozinha
a dor
essa não quista
enfermidade

Desastrosa Queda

se estamos nos matando
acontece à quatro mãos
em velocidade cronometrada
com capacidade mútua
de execução

sua boca presa à minha
não há registros de ar algum entrando
veias não bombeiam
nem oxigênio
nem sangue

se estamos no buraco
caímos aqui de empurrão duplo
tua mão na minha nuca
o meu pé na tua bunda
um tombo assim
cinematográfico

POSFÁCIO

Sangue Pisado

Concluo esse livro como sei melhor fazer, deixando que minhas palavras mostrem de mim um tudo, e escondam de todos o absolutamente verídico.

Não sou quem escrevi, mas quem vos escreve. Não somente escrevo no que me descreve. Brinco com o amor que vivi e com o que inventei. Divirto-me com quem eu fui e com quem serei. Minhas pulsões de morte são o reflexo de quem ama a vida, de quem faz de tudo para sobreviver.

Escrevo com sangue nos olhos, com todas as minhas células latejando — não sei ser diferente. Componho como quem precisa expelir alguma coisa do corpo, e sei, como quem sabe de si, que o que sai de mim não me define, tampouco me pertence.

Absorta, Semimorta

olho
para baixo
vejo meus pés
ensanguentados
já não sei
de quem é esse sangue
se vem de dentro de mim
ou se saiu de vasos seus

o azulejo branco parece pulsar
estamos à deriva
vivendo nesse mar de amar
desço minha mão com delicadeza
coloco o dedo no coágulo
e, antes mesmo de pensar,
levo meu dedo à boca

sugo
chupo
devoro

esse sangue que não sei se é meu
esse sangue que eu sei que é nosso

Esta obra foi composta em Yeseva One e Times New Roman e impressa pela gráfica Psi7 sobre papel pólen bold 90g/m², em março de 2022.